# Les vacances de Crapounette

**Bertrand Fichou** est né en 1962 à Caen. Après des études de lettres et de journalisme, il est entré dans le monde de la presse. Aujourd'hui, il travaille comme rédacteur en chef au magazine *Youpi*. Il garde du temps pour écrire de nombreuses histoires, publiées dans les magazines de Bayard Jeunesse.

**Anne Wilsdorf** est illustratrice pour la jeunesse. Elle vit actuellement en Suisse, mais travaille très régulièrement avec des éditeurs français. Ses ouvrages sont publiés aux éditions Bayard Jeunesse et Kaléidoscope.

De la même illustratrice dans Bayard Poche :

*Grabotte la sotte - Les poux du sorcier - La princesse au sommeil léger* (Mes premiers J'aime lire)

*Marie-toi, marie-toi !* (J'aime lire)


Dépôt légal : juin 2004
Loi du 16 juillet 1949 sur les publications destinées à la jeunesse.

# Les vacances de Crapounette

Une histoire écrite par Bertrand Fichou
illustrée par Anne Wilsdorf

J'AIME LIRE
BAYARD POCHE

# 1
# À l'heure du tigre

Le soir tombe sur la vallée des mammouths. Un soir sombre de préhistoire. Le clan des Craspouh se regroupe autour du feu, à l'heure où les tigres à dents de sabre aiguisent leurs crocs avant la chasse.

Moi, Crapounette, je m'assois à côté de mon père, Cradok. Il est le chef du clan. Comme chaque soir, il nous fait un discours en grignotant une cuisse de girafe :

– Mes chers amis, je voudrais vous rappeler que nous ne sommes plus des singes ! Nos ancêtres ont évolué depuis des lunes et des lunes, et aujourd'hui nous voilà devenus des hommes. Et quelle est la différence entre les hommes et les singes, je vous le demande ?

Comme chaque soir, tout le clan répond d'une seule voix :

– Nous, les hommes, on sait rigoler !

Et tout le monde s'esclaffe en se tenant les côtes. On n'est pas très distingués, c'est sûr. Mais on aime drôlement ça, être des hommes !

Seule Pestilence, ma mère, ne rit pas. Elle lève les bras au ciel en hurlant :

– Cradok, tu te crois un homme, mais tu n'es qu'un babouin à gros ventre ! Les Craspouh seront vraiment des hommes quand ils mangeront à table sans se tremper les mains dans le jus de viande et sans dire de gros mots !

– Poil au dos ! dit un homme du clan en pouffant de rire.

Ma mère poursuit :

– Dans la tribu des Delarivière, la tribu où je suis née, on connaît les règles de la politesse et du savoir-vivre. Les Delarivière ne sont pas de gros sangliers sans éducation comme vous !

– Poil au cou ! dit un autre homme.

On éclate encore tous de rire, et maman va se coucher en ronchonnant...

Alors, tout le clan se met à raconter des blagues sur les singes, ces idiots. Et on organise des concours de poux : c'est à celui qui en aura le plus ! Ah, on sait vraiment s'amuser chez les Craspouh...

Pourtant, un soir, mon papa annonce avec une mine triste :

– Demain est le jour anniversaire du traité de paix avec les Delarivière. Et, comme toutes les dix saisons, en signe de bonne volonté, le chef de chaque clan doit envoyer un de ses enfants vivre dans l'autre clan jusqu'à la lune suivante...

Quand papa se tourne vers moi, je ne me sens pas bien. Il continue :

– Demain, le fils du chef des Delarivière viendra s'installer chez nous, et toi, Crapounette, tu iras passer une lune chez eux. Ça ne m'amuse pas de t'envoyer là-bas, mais la paix est à ce prix…

Par tous les crapauds du marais ! Mon père m'envoie en pension chez les Delarivière ! On raconte qu'ils ne sont pas comme nous, ces gens-là…

# 2
# Aimé-les-Ongles-Propres

Le lendemain, Odorine, la femme du chef des Delarivière, débarque avec Aimé-les-Ongles-Propres, son fils. Je ne fais pas la fière. Maman les accueille d'une voix plus aiguë que d'habitude :

– Odorine chériiiiie ! Quelle surpriiiiise ! Quel plaisiiiiir de vous revoir ! Oh ! Mon petit Aimé ! Comme tu ressembles à ta maman !

Odorine répond sur le même ton :

– Bien le bonjour, Pestilence chériiiiie !

Aimé est aussi raide qu'un bout de bois. Il me dit :

– Chère Crapounette, je vous fais mes hommages !

Et il me lèche le dessus de la main !

– Aimé adooore faire le baisemain ! commente Odorine.

Moi, je trouve que c'est dégoûtant. La prochaine fois qu'il me bave entre les doigts, je lui donne un coup de massue.

Pendant le déjeuner, j'observe Odorine : elle fait de gros efforts pour supporter ma famille, qui s'empiffre de viande grasse et qui se vautre sur des peaux d'ours collantes.

Quant à Aimé, il est tout pâle. Peut-être à cause de la vieille carcasse de buffle qui traîne devant la caverne. Quel garçon sensible !

J'ai encore le nez dans une écuelle de framboises quand Odorine dit :

– Crapounette, ma chérie, prépare-toi. Une longue route nous attend. Et toi, mon Aimé d'amour, vient embrasser ta maman qui t'aime !

Lorsque nous arrivons au camp des Delarivière, le chef Désiré-Bonne-Haleine et toute sa tribu nous accueillent.

Les Delarivière n'habitent pas devant une caverne, comme nous, les Craspouh. Ils ont construit des cabanes en peaux à côté d'une rivière. C'est pour ça qu'on les appelle les Delarivière. Ils me saluent tous en chœur :

– Nos hommages, Crapounette !

Et chacun vient m'embrasser à tour de rôle, du bout des lèvres. Ça m'énerve ! Chez les Craspouh, quand on est content de se voir, on se donne des claques dans le dos : c'est bon pour la circulation du sang, et c'est plus vite réglé. Ces Delarivière, plus je les regarde, plus ils me font une drôle d'impression...

## 3
## Ils ne rient jamais !

J'apprends vite à connaître les Delarivière. Ils ne ressemblent vraiment pas aux Craspouh. Ils sont toujours habillés comme pour un jour de fête.

Les dames ont des boucles d'oreilles et des bracelets élégants, et elles attachent leurs cheveux avec des peignes en os. Les hommes portent des capes et des chaussures en peau soigneusement cousue. Même les enfants ont

toujours l'air propre, comme s'ils sortaient tous d'un grand bain. Berk !

La première semaine n'est pas drôle : les Delarivière ne rient jamais ! Ils pensent que ça fait mauvais genre parce que, quand on rit, on grimace comme des singes. Ils ont raison mais moi, c'est justement ce qui me donne envie de m'esclaffer...

Et puis Odorine veut que je me lave, et ça m'embête. Je n'ose pas lui dire que j'ai peur de

noyer mes poux, et de perdre le prochain concours. Alors, je lui explique :

– Tu sais, j'ai la peau sensible... Il m'a fallu des jours et des jours pour arriver à me faire cette bonne couche de crasse qui me protège des moustiques.

Quelques femmes, couvertes de boutons rouges, écoutent d'un air très intéressé. Car les moustiques, ce n'est pas ce qui manque au bord de la rivière...

Mais Odorine ne se laisse pas attendrir, et elle me trempe de force dans l'eau claire. Berk ! Puis elle tient absolument à m'apprendre à manger en levant le petit doigt. C'est super pratique pour attraper une cuisse de girafe ! Elle me dit :

– Ma petite Crapounette, tu ne dois pas saisir la cuisse avec les doigts. Tu dois d'abord la découper avec un silex tranchant. Puis tu piques les petits morceaux de viande avec des baguettes pointues, que tu portes délicatement à ta bouche. Enfin, tu essuies tes lèvres avec une feuille de menthe fraîche…

Moi, je pense : « Et puis quoi encore ? Bientôt, elle va m'empêcher de roter après le repas ! »

Et Odorine ajoute :

– Et un humain bien élevé ne rote pas après le repas. Surtout pas une fille, ma chérie ! Tu risquerais de ne jamais trouver de mari…

Elle m'énerve, ce qu'elle m'énerve ! Je lui explique que, chez les Craspouh, on mange toujours avec les doigts : c'est bien pratique parce que ça tient chaud aux mains, surtout en hiver. Le grand-père, Cœur-de-Chêne, qui tremble de froid du matin jusqu'au soir, marmonne dans sa barbe :

– Pas si bête ! Je n'avais jamais pensé à cet avantage...

# 4
# Une partie de chasse

Depuis quinze jours, je tourne en rond au bord de la rivière. Quel ennui ! Pour me changer les idées, je demande si je peux accompagner les hommes à la chasse.

– Tu n'y songes pas, chérie ! s'exclame Odorine. Les filles ne vont pas à la chasse ! C'est un travail d'homme. Je vais te trouver des occupations plus calmes.

Elle m'entraîne dans la grande tente, où je retrouve les autres filles de la tribu. Là, deux vieilles femmes nous apprennent des tas de choses inutiles : tricoter une housse en poils de hyène pour une hache, recoudre les franges d'une cape en peau de zèbre, tisser un tapis fleuri pour égayer l'entrée de la tente...

Impossible de leur échapper : tout en grignotant des chenilles grillées, les deux vieilles femmes me surveillent. Jour après jour, je guette le moment pour m'enfuir.

Un après-midi, enfin, mes gardiennes s'endorment, épuisées par une indigestion de chenilles. J'en profite pour rejoindre les hommes qui partent à la chasse.

Désiré-Bonne-Haleine me demande en fronçant les sourcils :

– Mais qu'est-ce que tu fais là, Crapounette ? Les filles doivent rester au village !

Les chasseurs sont très fâchés qu'une fille vienne les embêter. Heureusement, ils ne veulent pas perdre de temps à me raccompagner. Alors, ils me gardent avec eux.

Puis, peu à peu, ils s'amusent de me voir fouiller les herbes en reniflant comme un jeune chien. Jusqu'au moment où je mets le nez sur les empreintes d'un renne.

Désiré me félicite :

– Dis donc, tu as du flair !

On aperçoit bientôt le vieux renne au loin, sur une colline. Les chasseurs bandent leurs arcs et tirent. Raté ! Le renne s'enfuit en galopant.

Je dis :

– Trop court, les gars. Il faut s'approcher !

– Ne dis pas n'importe quoi, répond Désiré. Si on approche, il va nous sentir.

Je prends un ton de vieux sage :

– Le renne ne sentira plus notre odeur si nous nous enduisons de bouse...

– De bouse ! s'exclame Désiré. Mais, Crapounette, c'est répugnant ! Ce n'est pas digne d'un chasseur civilisé !

Je hausse les épaules :

– Peut-être, mais au moins on rapportera de quoi dîner...

Le chef pense sûrement au regard cinglant que lui lancera Odorine s'il rentre sans rien, car je vois qu'il hésite. Je l'encourage tout en me tartinant copieusement de bouse fraîche :

– Allons, grand chef, ce n'est rien ! Les chasseurs craspouh font toujours ça. Et je t'assure que les Craspouh mangent de la viande tous les jours !

Ça marche ! Nous nous approchons si près du renne que les chasseurs ne peuvent plus le manquer. Après un petit décrassage, nous rentrons au village les épaules chargées de viande. Tous les Delarivière nous acclament.

Désiré explique :

– C'est grâce à Crapounette. Même si cela semble incroyable, nous avons des tas de choses à apprendre des Craspouh !

# 5
# Les histoires drôles

Le soir même, pendant le dîner, les Delarivière me demandent poliment de leur expliquer comment ça se passe chez les Craspouh. Alors, je commence à leur raconter plein d'histoires rigolotes. La bataille de boue dans le marais, la fois où papa a glissé un hérisson sous la couverture de maman, et les malheurs de l'oncle Alberk, qui est tombé dans son propre piège à mammouths !

J'aperçois peu à peu les visages de plusieurs Delarivière qui commencent à se tordre. Je sens qu'ils ont envie de rire, mais ils n'osent pas... Quand je précise que l'oncle Alberk est si gros et si poilu que les autres chasseurs l'ont pris pour un vrai mammouth, tous les Delarivière commencent à gigoter d'une fesse sur l'autre en poussant de petits gloussements. Ils ont l'air tout gênés de rire !

En se raclant la gorge, Désiré dit :

– Ton histoire est vraiment cocasse ! Tu sais, Crapounette, tu nous as bien amusés.

– Poil au nez ! lancé-je sans même y penser.

Alors, les Delarivière éclatent de rire. Et chacun trouve ça tellement amusant de voir les autres rire que tous rient encore plus fort. C'est une cascade de rigolade comme j'en ai rarement vu, même chez nous. Pourtant nous sommes les champions du monde de la rigolade !

Désiré essaie de reprendre son souffle :

– Ha ! Ha ! Ha ! Que c'est bon, de rire ! Hi ! Hi ! Hi ! Comment avons-nous pu nous priver de cela ! Ho ! Ho ! Ho ! Crapounette, tu nous as sauvés !

Et toute la tribu des Delarivière se roule par terre en se tenant le ventre. Même Odorine !

Mais le plus incroyable, c'est ce qui se passe les jours suivants : les Delarivière arrêtent peu à peu de se laver. Les chasseurs reviennent heureux, couverts de bouse. Les enfants ne reçoivent plus de coups de massue quand ils mangent avec leurs doigts, car toute la tribu mange avec les doigts. Même Odorine glousse comme un bébé quand le jus de viande lui coule sur le menton !

# 6
# Une fête pour Crapounette

À la veille de la nouvelle lune, les Delarivière organisent une fête en mon honneur.

Odorine me dit :

– Super ! On va danser !

Mais, quand les Delarivière se mettent à danser, je suis plutôt déçue : ils se contentent de marcher à petits pas, à la queue leu leu.

Le grand-père Cœur-de-Chêne m'explique :

– Ma pauvre petite, cette danse doit te paraître un peu calme... Tu sais, nous avons bien trop peur de redevenir de vulgaires singes !

Alors, je propose tout fort :

– Voulez-vous que je vous apprenne la danse des Craspouh ?

– Ouiiiii ! répondent-ils tous en chœur.

Vite, je montre à Cœur-de-Chêne deux ou

trois rythmes de tam-tam, des rythmes qui bougent bien, et c'est parti !

Les yeux grands ouverts, les Delarivière me regardent gigoter, sauter, me tortiller dans tous les sens. Et puis, petit à petit, chacun essaie un pas, un autre. Bientôt, nous nous retrouvons tous ensemble autour du feu à nous agiter comme un nuage de sauterelles.

Odorine crie :

– Waouuuh ! Ça fait du bien ! Il fallait oser !

Les Delarivière sont vraiment devenus rigolos. Je crois qu'ils m'aiment bien.

Le lendemain, ils veulent tous faire le voyage pour me raccompagner chez les Craspouh. Je m'aperçois que je suis presque triste à l'idée de quitter Odorine, Désiré-Bonne-Haleine, Cœur-de-Chêne et tous les autres...

Mais je suis aussi très contente de revoir bientôt ma famille Craspouh. Et ce pauvre Aimé-les-Ongles-Propres ! Il n'a pas dû rire tous les jours, lui...

# 7
# Une sacrée surprise !

Ça y est, nous arrivons. Je vois déjà ma caverne, et les silhouettes des Craspouh. Je leur fais signe, ils m'ont vue ! Mais c'est étrange : ils devraient courir dans tous les sens, se rouler de joie dans la poussière !

Au lieu de ça, ils restent debout, souriants, et propres de la tête aux pieds ! Même Papa est coiffé avec une raie sur le côté...

Qu'est-ce qui s'est passé, ici ?

Désiré me glisse à l'oreille :

– Dis donc, dans mon souvenir, les Craspouh avaient des allures plus sauvages que ça !

Maman me tend enfin les bras :

– Bonjour, ma chériiiiie ! Bonjour, tout le monde ! Vous avez fait bon voyage ?

Ça, c'est normal. Ce qui l'est moins, c'est que Cradok, mon papa, se met à parler comme elle :

– Bonjour, ma chériiiiie ! Quel plaisiiiir de te revoir !

Il se penche et me fait le baisemain !

C'est alors qu'Odorine lui donne une grande claque dans le dos :

– Salut, cher voisin ! Tu sais, ta petite Crapounette est vraiment géniale, elle nous a fait découvrir la vie !

Papa répond, la bouche pincée :

– Ah ? C'est parfait, chère voisine !

À ce moment-là, Aimé apparaît à l'entrée de la grotte en faisant une espèce de révérence ridicule. Je n'en crois pas mes yeux.

Mon papa Cradok se rapproche de lui en marchant sur la pointe des pieds… On dirait une gazelle qui trempe le bout de ses sabots dans une mare d'eau froide ! Lui, le chef le plus grossier de la tribu la plus crasseuse ! Je l'ai pourtant connu pataugeant avec plaisir dans les marécages !

Odorine propose :

– Pour fêter nos retrouvailles, nous pourrions organiser un grand concours de poux entre

nos deux tribus, non ? Ce serait super rigolo !

Maman répond du bout des lèvres :

– Je ne pense pas que ce soit une bonne idée, Odorine chériiiiie. Un tel jeu serait vraiment dégoûtant et indigne de nous. Nous sommes des êtres humains. De toute façon, Aimé-les-Ongles-Propres nous a convaincus de nous laver matin et soir... Finiiiiis les poux ! Aimé-les-Ongles-Propres ?

Tout s'explique... Vite, ma massue !

# J'AIME LIRE

**Les premiers romans à dévorer tout seul**

Se faire peur et frissonner de plaisir

Rire et sourire avec

des personnages insolites

Réfléchir et comprendre la vie de

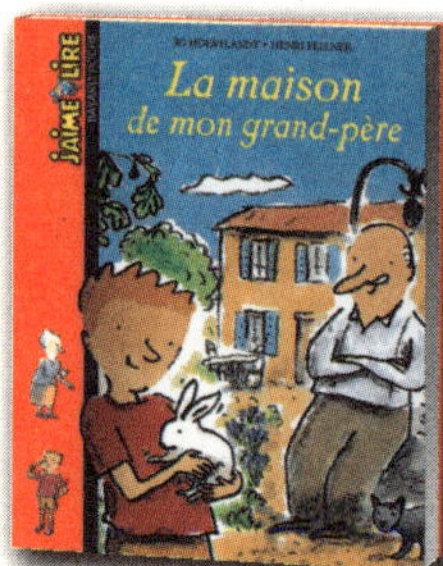

tous les jours

Se lancer dans des aventures pleines de

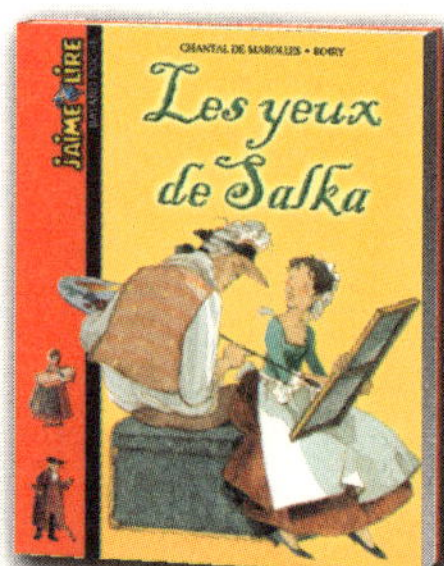


rebondissements

Rêver et voyager dans des univers fabuleux

# Maudit Manoir

Dans le manoir de Mortelune vit une bande de monstres affreux, méchants et bagarreurs : tu vas les adorer !

**Retrouve les héros de Maudit Manoir dans le magazine *Astrapi*.**

Achevé d'imprimer en mars 2004 par Oberthur Graphique
35 000 RENNES – N° Impression : 5745
Imprimé en France